VENTE

JEUDI 23 JUIN 1910

HOTEL DROUOT, Salle n° 1

23 Juin 1910

OBJETS D'ART

D'AMEUBLEMENT

Tapisseries

TABLEAUX MODERNES

Appartenant à M. X...

Provenant de la Collection RELLINO

COMMISSAIRES-PRISEURS :

M° F. LAIR-DUBREUIL

M° GEORGES TIXIER

EXPERTS

M. GEORGES PETIT

MM. PAULME & B. LASQUIN Fils

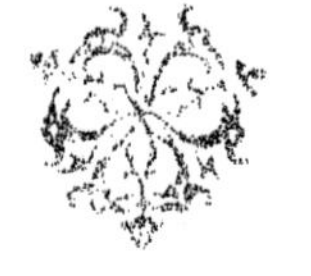

CATALOGUE

DES

OBJETS D'ART

ET

D'AMEUBLEMENT ANCIEN

Tapisseries Anciennes

TABLEAUX MODERNES

AQUARELLES, DESSINS, PASTELS

PAR

AUBLET, JOHN-LEWIS BROWN, DEGAS, FORAIN, HEYRAULD, MAIGNAN
DE NITTIS, PISSARRO, ROSSANO, SISLEY

Appartenant à M. X...

ANCIEN MINISTRE DE L'INSTRUCTION PUBLIQUE D'AUTRICHE

Et provenant de la Collection Bellino

ET DONT LA VENTE AUX ENCHÈRES PUBLIQUES AURA LIEU A PARIS

HOTEL DROUOT, Salle N° 1

Le Jeudi 23 Juin 1910, à 2 heures

COMMISSAIRES-PRISEURS

Mᵉ F. LAIR-DUBREUIL
6, rue Favart, 6

Mᵉ GEORGES TIXIER
45, Chaussée-d'Antin, 45

EXPERTS

Pour les Tableaux :

M. GEORGES PETIT
8, rue de Sèze, 8

Pour les Objets d'Art :

MM. PAULME & B. LASQUIN
10, rue Chauchat | 11, r. Grange-Batelière

EXPOSITION

Le Mercredi 22 Juin 1910, de 2 heures à 6 heures

CONDITIONS DE LA VENTE

Elle sera faite au comptant.

Les acquéreurs paieront *dix pour cent* en sus des enchères.

Paris. — Imp. Georges Petit, 12, rue Godot-de-Mauroi. — 20776-0.

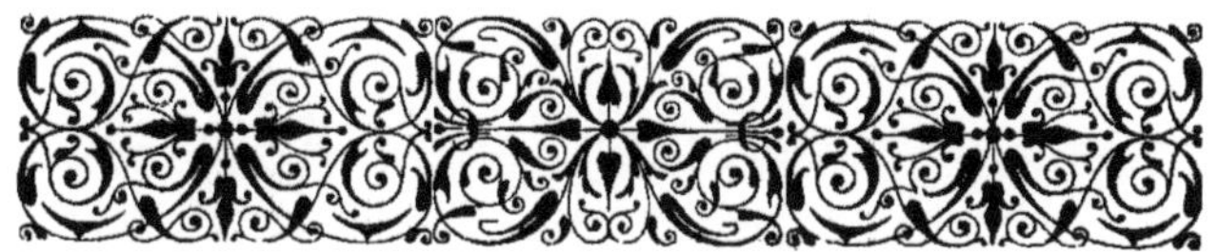

Tableaux Modernes

AQUARELLES, DESSINS, PASTELS

AUBLET (Albert)

1 — *Marine.*

Signé à droite, en bas.

Panneau. Haut., 6 cent.; larg., 12 cent.

AUBLET (Albert)

2 — *La Partie de dés.*

Signé à gauche, en bas.

Panneau. Haut., 38 cent.; larg., 32 cent.

BERTIER

3 — *Danseuse.*

Gouache.

Signé à droite, en bas.

Haut., 46 cent.; larg., 30 cent.

BROWN (J.-L.)

4 — *Le Choix du cheval.*

Signé à droite, en bas.

Panneau. Haut., 17 cent. ; larg., 21 cent.

DE CLERMONT

5 — *Le Bourg sous la neige.*

Signé à gauche.

Toile. Haut., 38 cent.; larg., 55 cent.

DE CLERMONT

6 — *Les Chiens.* Éventail.

Signé à gauche.

DE CLERMONT

7 — *Deux Amis.*

Aquarelle.

Signé en bas, à droite.

Haut., 48 cent.; larg., 62 cent.

DEGAS

8 — *Le Coucher.*

Pastel.

Signé à gauche, en bas.

Haut., 35 cent.; larg., 41 cent.

FORAIN

9 — *Le Départ.*

Dessin à la plume rehaussé de crayon.

Signé à droite.

FORAIN

10 — *Conversation.*

Dessin au crayon.

Signé à droite.

FORAIN

11 — *Garde-le pendant que j'vas au lavoir, mais n'allez pas trop loin.*

Dessin rehaussé.

Signé à droite.

FORAIN

12 — *J'ai vu tout de suite que ça t'irait. Comme ça ces garces-là n'pourront plus dire que tu marques mal.*

Dessin à la plume rehaussé de crayon de couleurs.

Signé à droite, en bas.

FORAIN

13 — *Les Matuvus.*

155

> Dessin rehaussé d'aquarelle et de crayon.
> Signé à droite.

FORET (Paul)

14 — *Nature morte : huîtres et cuivre.*

> Signé à droite, en bas.

> Toile. Haut., 80 cent.; larg., 1 mètre.

GUILLAUMET

15 — *Labour en Algérie.*

170

> Signé à gauche, en bas.

> Toile. Haut., 24 cent.; larg., 31 cent.

HEYRAULD (L.)

16 — *Après la bataille.*

> Signé à droite.

> Toile. Haut., 44 cent.; larg., 54 cent.

HEYRAULD (L.)

17 — *Dans l'écurie.*

> Signé à droite, en bas.

> Toile. Haut., 44 cent.; larg., 54 cent.

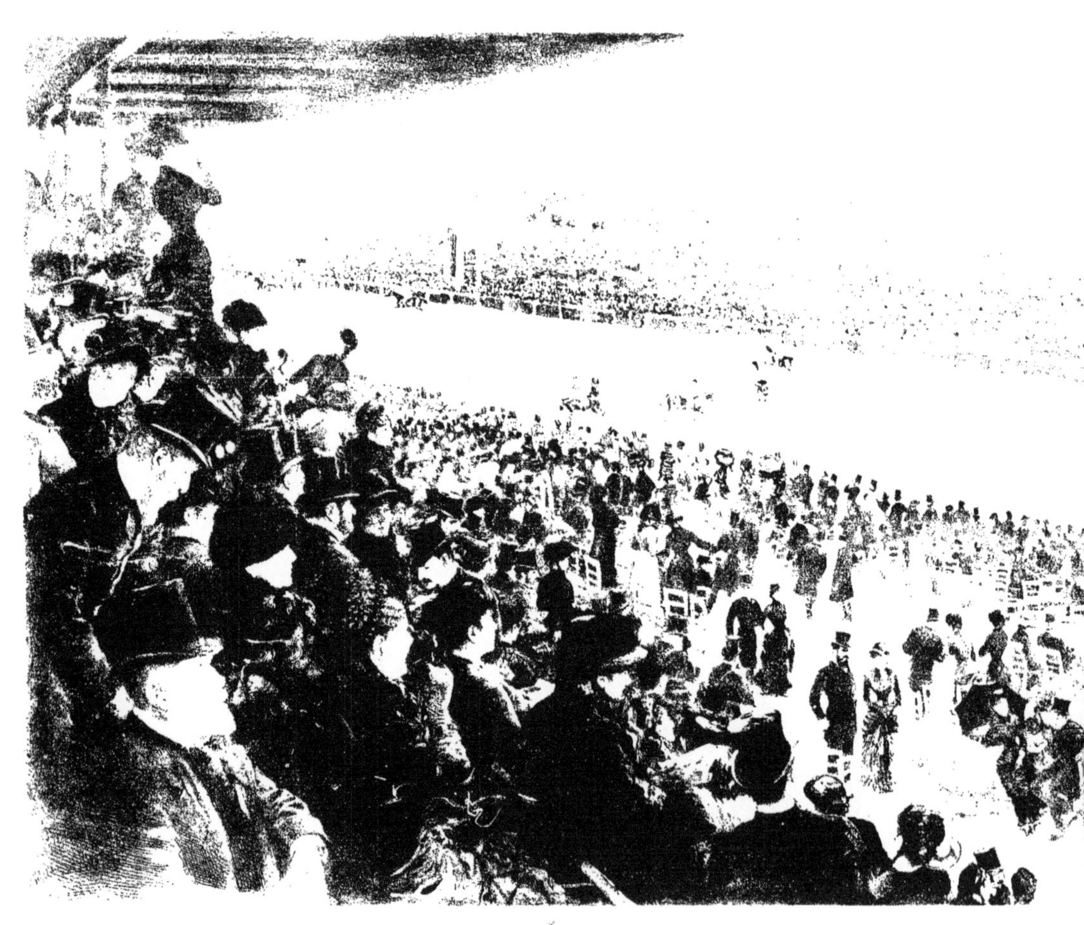

HEYRAULD (L.)

18 — *Chasse impériale à Compiègne, le rende\-vous.*

Signé à droite, en bas.

Toile. Haut., 94 cent.; larg., 1 m. 52.

HEYRAULD (L.)

19 — *Tête de chien.*

Signé à droite, en bas.

Toile. Haut., 33 cent.; larg., 24 cent.

MAIGNAN (A.)

20 — *Intérieur breton.*

Signé à gauche.

Panneau. Haut., 10 cent.; larg., 15 cent.

DE MARNE

21 — *Scène rustique.*

Sépia.

DE NITTIS

22 — *Le Grand Prix à Longchamp.*

Signé à droite et daté : *81.*

Toile. Haut., 1 mètre; larg., 1 m. 20.

DE NITTIS

23 — *Place de l'Étoile.*

Pastel.

Signé à gauche, en bas.

Haut., 89 cent.: larg., 62 cent.

NORTER (Th.)

24 — *Néron.*

Signé à droite et daté : *1869.*

Toile. Haut., 5o cent.; larg., 78 cent.

PISSARRO

25 — *Bords de rivière, près Rouen.*

Signé à droite et datée : *1874.*

Toile. Haut.. 45 cent. ; larg., 38 cent.

PISSARRO

26 — *La Neige.*

Toile. Haut., 45 cent.; larg., 55 cent.

ROSSANO

27 — *L'Anier.*

Signé à droite, en bas.

Panneau. Haut., 17 cent. ; larg., 36 cent.

ROSSANO

28 — *A Puteaux.*

Signé à gauche, en bas.

Toile. Haut., 88 cent.; larg., 78 cent.

ROSSANO

29 — *Au bord de la mer.*

Signé à droite, en bas.

Panneau. Haut., 9 cent.; larg., 17 cent.

ROSSANO

30 — *La Botteleuse, près du village.*
Signé à droite.

ROSSANO

31 — *La Bergère.*

Signé à droite, en bas.

Toile. Haut., 31 cent ; larg, 41 cent.

ROSSANO

32 — *Le Chemin ombragé.*

Signé à gauche, en bas.

Toile. Haut., 54 cent ; larg., 72 cent.

ROSSANO

33 — *La Clairière*.

> Signé à gauche.

ROSSANO

34 — *Dans la neige*.

> Signé à droite, en bas.

>> Toile. Haut., 70 cent.; larg., 1 mètre.

ROSSANO

35 — *Environs de ville*.

> Signé à gauche.

>> Panneau. Haut., 22 cent.; larg., 34 cent.

ROSSANO

36 — *Éventail*.

ROSSANO

37 — *La Fenaison*.

> Signé à droite, en bas.

>> Toile. Haut., 22 cent.; larg., 34 cent.

ROSSANO

38 — *Panier de roses.*

Pastel.

Signé à gauche, en bas.

Haut., 90 cent.; larg , 72 cent.

ROSSANO

39 — *La Prairie.*

Signé à droite, en bas.

Panneau. Haut., 22 cent ; larg., 34 cent.

ROSSANO

40 — *La Route.*

Signé à droite, en bas.

Panneau. Haut., 26 cent.; larg.. 17 cent.

ROSSANO

41 — *Le Troupeau de moutons.*

Signé à gauche, en bas.

Toile. Haut., 27 cent.; larg.. 36 cent.

ROSSANO

42 — *Les Vaches à la mare.*

Pastel.

Signé à droite, en bas.

Haut., 86 cent.; larg., 1 m. 30.

ROSSANO

43 — *Le Vieux chemin.*

Signé à droite, en bas.

ROSSANO

44 — *La Chevrière.*

Signé à gauche, en bas.

Toile. Haut., 45 cent.; larg., 37 cent.

ROSSANO

45 — *Le Voilier.*

Pastel.

Signé à droite.

Haut., 29 cent.; larg., 24 cent.

SISLEY

46 — *La Maison abandonnée.*

Signé à droite, en bas.

Toile. Haut., 36 cent.; larg., 55 cent.

VALADON

47 — *Nature morte : la Cafetière.*

Signé à droite, en haut.

Panneau. Haut., 21 cent.; larg., 16 cent.

VALLIN (Attribué à)

200

48 — *Baigneuse.*

Toile. Haut., 3o cent.; larg., 23 cent.

VEYRASSAT

120

49 — *A l'abreuvoir.*

Dessin au fusain.

Signé à droite, des initiales.

Haut., 26 cent.; larg., 37 cent.

WORMS

5o — *Petit Breton.*

Toile. Haut., 35 cent.; larg., 20 cent.

Objets d'Art et d'Ameublement

OBJETS VARIÉS
Cuivres, Bronzes, Bois, Fers
Pierres, etc.

51 — PLAT en cuivre.

52 — HOTTE en cuivre. Travail hollandais.

53 — PENDULETTE en marqueterie, genre Boulle.
XVIIe siècle.

54 — DIVINITÉ en ancien bronze japonais, partiellement doré.

55 — PETIT VASE en bronze chinois.

56 — BOITE rectangulaire à anse mobile et couvercle
ajouré. Travail chinois.

57 — DEUX CHIMÈRES en bronze. Ancien travail
chinois.

58 — Statuette de mendiant sur socle en bronze chinois.

59 — Vase-balustre en ancien émail cloisonné de Chine, à rinceaux de fleurs sur fond turquoise.

60 — Paire de chenets à boules en cuivre.

61 — Paire de chenets Louis XIII, à colonnettes, en bronze poli.

62 — Paire de grands landiers en fer. xviie siècle.

63 — Paire de petits flambeaux en cuivre gravé. xviiie siècle.

64 — Paire de flambeaux en cuivre du xviiie siècle.

65 — Grand lampadaire à gaz fait d'une statue en bronze, par Mathurin Moreau, portant un bouquet de lumières. Socle en marbre. ·

66 — Lanterne d'antichambre en bronze, pour l'éclairage au gaz.

67 — Paire de flambeaux en cuivre gravé.

68 — Paire de lampadaires en fer et bagues de cuivre mouluré, portant des lanternes en fer forgé. xviie siècle.

69 — Lanterne gothique en fer forgé et sa potence-support à rinceaux.

70 — Mortier en granit.

71 — **Devant de foyer** en fer forgé ancien ; pince, pelle et pincette.

180

72 — **Lustre** à six lumières en bois sculpté doré. Travail italien du xviiᵉ siècle.

130

73 — **Coffre** en fer peint, décoré sur la face d'un écusson et muni d'une intéressante serrure. xviiiᵉ siècle.

74 — **Horloge** de table en cuivre gravé, à décor de bustes de profil sur fond découpé. xviᵉ siècle.

360

75 — **Aquamanile** faite d'un lion en dinanderie.

76 — **Encrier** cylindrique en bronze, décoré d'une frise à rinceaux. xviᵉ siècle.

77 — **Encrier** en bronze, à décor d'enfants. xviiᵉ siècle.

78 — **Clochette** en bronze de cloche, à décor d'écussons et sphinx. xviᵉ siècle.

99 — **Socle** en céramique émaillée, décoré de mascarons. xviiᵉ siècle.

80 — **Groupe** en bronze : Jeune femme nue et brebis.

81 — **Lion** en terre émaillée jaune.

82 — **Lion** héraldique en ancienne faïence décorée en couleur.

180

83 — DEUX FUTS DE COLONNES TORSES en bois sculpté, enguirlandés de vignes. Époque Louis XIII.

320

84 — DEUX COLONNES CORINTHIENNES avec leurs chapiteaux, en bois sculpté à pampres de vigne, sur fond doré. XVIIe siècle.

620

85 — PAIRE DE GRANDS VASES en ancien albàtre oriental. Socles de style Renaissance, en bois, ornés de panneaux sculptés.

86 — BUSTE de femme en terre cuite, signé : *A. Carrier*.

87 — DEUX STATUETTES de paysans flamands, en ivoire sculpté. XVIIe siècle.

88 — DEUX STATUETTES de saints personnages, en bois sculpté, l'une avec dorure. XVIIe siècle.

89 — DEUX CARIATIDES-APPLIQUES à corps d'enfants, feuillage et fruits, en bois sculpté partiellement peint et doré. Fin du XVIe siècle.

300

90 — DEUX STATUES de saints personnages, en pierre sculptée. XVIe siècle.

150

91 — QUATRE CORBEAUX en pierre sculptée à mascaron et volute. Fin du XVIe siècle.

92 — VASQUE ovale en pierrre décorée de godrons en relief. XVIIe siècle.

190

93 — DEUX LIONS en pierre sculptée. XVIIe siècle.

GLACES ET MIROIRS

94 — GLACE en bois mouluré et guilloché partiellement doré. Époque Louis XIII.

95 — MIROIR Louis XIII, en bois mouluré, orné de cuivres estampés et dorés.

96 — MIROIR rectangulaire en bois mouluré et marqueterie à fleurs et oiseaux. XVIIe siècle.

97 — PETITE GLACE en bois sculpté doré Louis XIV.

98 — GLACE rectangulaire en bois mouluré, partiellement peinte et dorée. XVIIe siècle.

99 — PETITE GLACE Louis XV, en bois sculpté doré à rocailles.

100 — GLACE dans un cadre en bois sculpté doré, surmonté d'un fronton à rocailles. XVIIIe siècle.

SIÈGES ANCIENS ET DE STYLE

101 — FAUTEUIL en bois sculpté. XVIIe siècle.

102 — FAUTEUIL en bois sculpté, à pieds et traverses tors, couvert en brocatelle de velours. XVIIe siècle.

103 — FAUTEUIL à pieds et traverses tors, recouvert en ancien cuir de Cordoue.

104 — ESCABEAU en bois sculpté, à dossier orné de dauphins et coquille.

105 — BANQUETTE d'antichambre, formant coffre, en bois sculpté, orné de panneaux anciens à frises de rinceaux. En partie du xviie siècle.

106 — GRAND FAUTEUIL en bois tourné, recouvert en ancienne tapisserie au point à fleurs et feuillages.

107 — BANQUETTE d'antichambre en bois sculpté, dossier à balustre, accotoirs, consoles et pieds à griffes. En partie du xviie siècle.

108 — CHAISE en bois, garnie de cuir. xviie siècle.

109 — FAUTEUIL Louis XIII, à bras, pieds et traverses tors, couvert en brocatelle de velours.

110 — FAUTEUIL en bois sculpté, traverse à grecque et dossier orné d'un écusson d'armoirie. En partie ancien.

111 — FAUTEUIL RENAISSANCE en bois sculpté à pieds-colonnettes et bras feuillagés ; garniture de brocatelle de velours à rinceaux.

112 — FAUTEUIL en bois sculpté, dossier à médaillon-buste dans une couronne. Style Renaissance. Coussin en velours rouge uni ancien.

113 — DEUX CHAISES en bois tourné recouvertes en velours rouge uni.

114 — FAUTEUIL à bras, pieds et traverses tors, recouvert aux siège et dossier d'ancienne tapisserie au point, à personnages du xviie siècle.

115 — FAUTEUIL-CAQUETEUSE en bois sculpté en partie du XVIᵉ siècle. Coussin en velours rouge uni.

116 — BANQUETTE en bois recouverte d'une bande en ancienne tapisserie au point et petit point, à animaux, feuillage et fleurs, du XVIIᵉ siècle.

117 — GRANDE BANQUETTE gothique en bois sculpté, à décor de panneaux à parchemin repliés.

118 — GRAND FAUTEUIL Louis XIII, en bois tourné, garni de cuir armorié.

119 — DEUX GRANDS FAUTEUILS en bois sculpté doré, recouverts de soie brochée; l'un avec bandes de broderie du XVIᵉ siècle.

120 — DEUX CHAISES en bois sculpté rehaussé d'or, XVIIIᵉ siècle; garniture de velours.

121 — QUATRE FAUTEUILS ET DEUX CHAISES en bois doré, de style Louis XV.

122 — GRAND FAUTEUIL-BERGÈRE en bois sculpté doré, de style Régence, recouvert en velours.

123 — FAUTEUIL canné Louis XVI, en bois sculpté.

MEUBLES ANCIENS & DE STYLE

124 — PETITE TABLE rectangulaire Louis XIII, à pieds moulurés réunis par une entre-jambe.

125 — Table en bois, pieds et traverses tors. Époque Louis XIII.

126 — Bureau à huit pieds, en marqueterie de bois de violette. xviie siècle.

127 — Coffre en bois sculpté, à décor de bustes dans des médaillons et écusson fleurdelisé, cantonné de lions avec couronne. xviie siècle.

128 — Coffre en bois sculpté, à décor de bustes inscrits dans des médaillons, entre pilastres ornés. xvie siècle.

129 — Meuble-cabinet et son support, ouvrant à tiroirs, dont quelques-uns sont décorés de sujets vernis dans le goût chinois.

130 — Meuble d'entre-deux de forme contournée, ouvrant à deux portes, en marqueterie de bois de placage et garni de bronzes.

131 — Grand lit de milieu à dossier apparent, en bois sculpté doré, avec devant, ciel de lit, et rideaux en tapisserie au point.

132 — Petite table en bois sculpté. Style Renaissance.

133 — Petit cabinet et sa table-support, en bois noir et incrustations d'ivoire gravé. Travail italien.

ÉTOFFES, RIDEAUX, TENTURES

134 — QUATRE RIDEAUX en ancien velours rouge uni, garnis de frange.

135 — DEVANT D'AUTEL en ancien velours rouge, orné de broderies à rinceaux. Fin du XVI⁰ siècle.

136 — QUATRE RIDEAUX ET SIX BANDEAUX en ancienne brocatelle.

137-138 — DEUX TRÈS GRANDS PANNEAUX DE TENTURE en satin et broderies à personnages, dragons, rinceaux de fleurs, etc. Ancien travail chinois.

TAPISSERIES ANCIENNES

139 — BANDEAU en ancienne tapisserie flamande de la fin du XVI⁰ siècle : composition à petits personnages et inscription.

140-144 — CINQ PANNEAUX d'ancienne tapisserie flamande du XVI⁰ siècle, à gros feuillages.

145-151 — SEPT PANNEAUX d'anciennes tapisseries-verdures, d'époque Louis XIV, en grande partie munies de leurs bordures d'encadrements à fleurs.

152 — Objets omis.

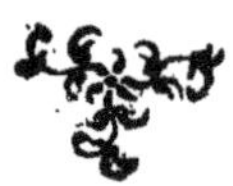